簡介　

《官場現形記》

是李寶嘉代表作，為晚清四大譴責小說之一。本書表現當時中國時代特色，著重揭露官僚的"齷齪卑鄙"，在內容上少了細緻的修飾，人物缺乏典型化，描寫過於渲染誇張、筆無藏鋒，內容顯得不夠耐人尋味。其劇情大同小異，寫之又寫，難免雜逐重複；又因隨寫隨刊，結構仿《儒林外史》，因而顯得雜亂散漫。魯迅稱"凡所敘述、皆迎合、鑽營、朦混、羅掘、傾軋等故事，兼及士人之熱心於作吏，及官吏閨中之隱情。頭緒既繁，腳色複夥，其記事遂率與一人俱起，亦即與其人俱訖，若斷若續，與《儒林外史》略同"。

李寶嘉

《目錄》

～世紀前百大文學系列作品～

第十七回　三萬金借公敲詐　五十兩買折彈參

卻說胡統領同周老爺雖然比前冷淡了許多，然而有些事情終究不能不請教他，所以心上雖不舒服，面子上還下得去。周老爺雖也覺得，也不好說甚麼。

一日接到省憲批稟，叫胡統領酌留兵丁，以防餘孽，其餘概行撤回，各赴防次；並飭胡統領趕把善後事宜，一一辦妥，率同回省。胡統領一得此信，別的都不在意，只有開造報銷是第一件大事。出兵一次，共需軍裝若干，槍炮子藥若干，兵勇們口糧若干；土匪抗官拒捕，共失去軍裝若干，用去槍炮子藥若干，兵勇受傷津貼若干；無辜鄉村被累，撫恤若干；打了勝仗，犒賞若干；辦理善後，預備若干。先紮了一篇底帳。想了半天，沒有一個人可以辦得此事，只得仍把周老爺請來，同他商量。周老爺道：「容易。有些事情叫首縣莊令去辦，其餘的由我們自己斟酌一個數目。等卑職商同糧台黃丞，傳知各營官一聲，叫他們具個領紙上來，要開多少就多少，還有什麼不成功的。」胡統領道：「不瞞老兄說：兄弟這個差使，耽了許多驚，受了許多怕，雖然得了個隨折，其實也有名無實。總得老哥費心，替兄弟留個後手，幫兄弟出把力，將來兄弟另圖厚

報。」周老爺道：「大人委辦的事，卑職應得效勞，況是大人分內應得的好處。」嘴裏如此說，心上早已打了主意。等到退了下來，一切費用，任意亂開，約摸總在六七十萬之譜。先送上胡統領過目。胡統領道：「太開多了，怕上頭要駁。」周老爺道：「卑職的事，別人好瞞，瞞不過大人。卑職自從過班到如今，還沒有引見，已經背了一萬多銀子虧空。現在蒙大人栽培，趁著這個機會，一來想把前頭的空子彌補彌補，二來弄個引見盤纏，就是引見之後，一到省也不會就得甚麼差使，總得空上二三年，免得再去拖空子，這個都是大人栽培卑職的。至於大人的事，卑職感恩知己，自當知無不言。這樁事情下來，雖瞞得一時耳目，終究一定有人曉得，既然曉得，保不住就要說話。多開少開，總是一樣。將來回省之後，幕府裏面，同寅當中，應該應酬的地方，少不得還要點綴點綴。所以卑職也要商通了首縣莊令、糧台黃丞，方可辦得。」胡統領一聽他口氣，雖然推在別人身上，知道他已經存了分肥念頭，心上老大不願，忙道：「老兄要引見，兄弟另外借給老兄。現在的事，只要切實替兄弟幫忙，兄弟沒有不知道的，將來一定另圖厚報。就是黃、莊兩人，兄弟亦自有幫他們忙的地方。總之，報銷上去的數目還要斟酌。」周老爺明曉得胡統領心上不願意他分肥。忽然想到從省裏臨來的時候，戴大理囑咐他的一番話，說胡統領的為人，吃硬不吃軟。「我今同他商量，他竟其不答應。現在忙了這多天，連個隨折都沒弄到，看他樣子還像怪我不替他出

力似的。出了好心沒有好報，看來為人也有限。若不趁此賺兩個，將來還望有別的好處嗎。至於他說將來怎樣幫忙，也不過嘴上好看。現在的人都是過橋拆橋的，到了那個時候，你去朝他張口，他理都不理你呢。為今之計，只有用強橫手段，要作弊大家作弊，看他拿我怎麼樣。」主意打定，正待發作，忽又轉念一想道：「且慢。我今同他硬做，倘或彼此把話說僵，以後事情倒不好辦。現在這裏的人又沒一個可以打得圓場的。我看此事須得如此如此，方能如願。」一面打算，一面答應了幾聲「是」，說：「大人吩咐的話，實在叫卑職刻骨銘心。卑職蒙大人始終成全，還有什麼不替大人出力的。」胡統領道：「如此甚好，將來兄弟自有厚報。」

周老爺見話說完，退了下來，回到自己船上。此時主意早經打定，便命跟班的拿了帖子，跟著進城，去拜縣丞單太爺。原來這裏的縣丞姓單名逢玉，大家都尊他為單太爺。自從到任至今，已有二十多年。平時同紳士們還說得來。只因他為人騙功最好，無論見了什麼人，一張嘴竟像蜜炙過的，比糖還甜，說得人家心上發癢，不能不同他要好。

嚴州雖然是座府城，並沒有什麼大紳士，頂大的一個進士底子的主事。因為發達的晚，上了年紀，所以不到京裏去做官，只在家裏管管閒事，同地方官往來往來，包攬兩件詞訟，生發

生發，借此過過日子。雖然也沒有甚麼大進項，比起沒有發達的時候，在人家坐冷板凳，做獅猻大王，已經天懸地隔了。這位主事老爺姓魏名翹，表字竹岡，就住在本城南門裏頭。只因本年十月十二是他親家生日，他親家是屯溪有名的茶商，姓汪名本仁，他所以特地預早一個月奔了前去：一來拜親家的壽，二來順便看看女兒，三來再打兩百塊錢的秋風〔註：也叫打秋風，利用各種借口索取財物。〕，回來好做過冬盤纏。後來嚴州資訊不好，家裏寫信給他，催他回去，汪本仁說：「親家，現在正是亂信頭上，你年紀大了，犯不著碰在刀頭上，我這裏專人去打聽，如果勢頭來得凶，連你寶眷一塊接了來，就在我這裏權且頓身。倘若沒有什麼事情呢，你再回去不遲。」魏竹岡聽了親家的話，只得權時忍耐。等到胡統領大兵一到，土匪平靜，他兒子又趕了信去，連著前頭他親家汪本仁派往嚴州的人也就回來了。魏竹岡曉得家鄉無事，把心放下。其時，親家的生日早經做過。他又住了幾時，辭別起身。親家知道他是靠抽豐過日子的，於盤纏之外，加送了他二百塊錢的年敬。女兒又在自己私房當中，貼了他二百塊錢，總共得了四百塊錢回家度歲，倒也心滿意足。冬天水乾，船行極慢，一路上灘下灘，足足走了十幾天，方到嚴州。

其時胡統領已奉到省憲催他回去的公事，同周老爺商量開造報銷的數目。周老爺因為胡統領不能遂他的心願，曉得這裏

縣丞單太爺神通廣大,他二人從前在那裏又同過事,交情自與別人不同,所以特地進城拜望他,同他商酌一個借刀殺人的辦法。單太爺聽了會意,便說:「這事情你老堂台出不得面:一來關係名聲;二來同統領鬧翻之後,也沒人打得圓場。依晚生愚見,不如找個人出來教給他去做,等他做好之後,稍些分點好處與他。等他做惡人,我們做好人。應得幫腔的地方,我們就在裏頭幫兩句,豈不更有把握?」

周老爺便把魏竹岡保了上去,說道此人如何能幹,「無論甚麼事情都做得出。他一年幫晚生忙的地方很不少,晚生一年幫他忙的地方也不少。託了他,保管成功。但是此人兩月頭前就到屯溪去拜他親家的壽,目下不知道已經回來沒有。」說罷,便叫跟班:「拿我的片子,到南門裏魏府上打聽魏大老爺屯溪回來沒有。立等回信。」跟班的去不多時,回來稟報:「魏大老爺是剛剛昨天夜裏轉的。回為路上受了一點風寒,在家裏養病,所以還沒有過來,叫小的回來先替老爺請安,說有什麼事情就請過去談談。」單太爺點點頭,跟班的退了下去。周老爺便催他立刻去看魏竹岡,「好歹今晚給我一個回信。」單太爺滿口答應。

等送過周老爺,他也不坐轎,便衣出得衙門,只帶一個小跟班的,拿了一根長旱煙袋,一直走到魏家門口,通報進去。

魏竹岡請他書房相見。進得門來，作揖問好，那副親熱情形畫亦畫不出。一時分賓歸坐，端上茶來。兩個人先寒暄了幾句，隨後講到土匪鬧事。魏竹岡一向是以趨奉官場為宗旨的，先開口說道：「這位統領同兄弟鄉榜先後只隔一科。他中舉人的座師，就是兄弟會試的房師。他的朱卷我看見過，筆路同我一樣，只可惜單薄些，所以不會中進士。我二人敘起來還是個同門，難得他到我們這裏辦了這們一件事。等我的病好些，我得去拜他一趟，一來敘敘同門之誼，二來我們地方上的紳士應得前去謝謝他。將來等他回省的時候，我還要齊個公分，做幾把萬民傘送他，同他拉攏拉攏。將來等他回省之後，省裏有什麼事情，也好借他通通聲氣。老哥是自己人，我的事是不瞞你的。你說我這個主意可好不好？」單太爺道：「好是好的。但是現在的人總是過橋拆橋，轉過臉就不認得人的。等到你有事去請教他，他又跳到架子上去了。依我之見，現在倒不如趁此機會想個法子，弄他點好處，我們現到手為妙。等到好處到手，我們再送他萬民傘。那是大家光光臉的事情，有也罷，沒有也罷。好在是眾人的錢，又不要你自己掏腰，倒也無甚出入。」

　　魏竹岡聽了詫異道：「怎麼這件事情還有什麼好處在內？兄弟敲竹槓也算會敲的了，難道這裏頭還有竹槓不成？」單太爺道：「不是我說，你幾乎錯過。我曉得你從屯溪回來，一路受了些辛苦，所以特地備下這分厚禮替你接風。」魏竹岡聽了，

11

心癢難抓，忙問：「到底是個甚麼緣故？」單太爺道：「你出門兩個月，剛剛回來，也不曾出過大門，無怪乎你不曉得。等我來告訴你。」說著，便把此事始末，說了一遍，又道：「當初並沒有甚麼土匪，不過城廂裏出了兩起盜案。地方文武張大其詞，稟報到省，上頭為所蒙蔽，派了胡統領下來。其時地方上早經平安無事。偏偏又碰著這位胡統領好大喜功，定要打草驚蛇，下鄉搜捕。土匪沒有辦到一個，百姓倒大受其累。統領自以為得計，竟把剿辦土匪，地方肅清稟報上去，希圖得保。現在又叫他手下的人開辦報銷，聽說竟其浮開到一百多萬。害了百姓不算數，還要昧著天良，賺皇上家的錢。這樣的人，虧你認作同門，還要去拜謝他呢！」魏竹岡道：「據你說來，真正豈有此理！他下鄉騷擾百姓，百姓吃了他的苦，為什麼不來告呢？」單太爺道：「這是我們這位堂翁辦的好事。百姓起初原來告的，不知道怎麼一來，一個個都乖乖的回去，後來一點動靜都沒有了。」魏竹岡道：「這事情我不相信，我倒要去問問他。一個地方官有多大，只知諂媚上官，罔恤民隱，這還了得嗎！」說罷，立刻親自下座，到書案桌上取出信箋筆硯，先寫一封信給本縣莊大老爺。單太爺勸他不要寫，他一定要寫，信上隱隱間責他辦事顢頇〔註：糊塗。〕，幫著上司，不替百姓伸冤「兄弟剛從屯溪回來，就有許多鄉親前來哭訴，一齊想要進省上控，是兄弟暫將他們壓住。到底這件事老公祖是怎麼辦的？即望詳示」云云。寫完立刻差人送去，並說立等回信。

一面仍同單太爺商量敲竹槓的法子。不多一刻,莊大老爺回信已到。魏竹岡拆開看時,不料上面寫的甚是義正詞嚴,還說甚麼:「百姓果有冤枉,何以敝縣屢次出示招告,他們並不來告?雖然來了幾起人,都是受土匪騷擾的,並沒有受過官兵騷擾,現有他們甘結為憑。況且被害之人,敝縣早經一一撫恤,領去的銀子,都有領狀可以查考。敝縣忝為民上,時時以民事為念,這不替百姓伸冤的話是那裏來的?還求詳細指教」各等語。魏竹岡看完之後,把舌頭一伸,道:「好利害!如今倒變了他的一篇大理信了。」單太爺道:「我們這位堂翁是不好纏的,勸你不必同他囉嗦,還是想想你們貴同門胡統領的法子罷。」

魏竹岡聽了躊躇道:「不瞞老哥說,下頭的竹槓小弟倒是敲慣的。我們這些敝鄉親見了小弟都有點害怕,還有鄉下人,也是一敲就來。人家罵小弟魚肉鄉愚,這句話仔細想來,在小弟卻是『當仁不讓』,倒是這上頭的竹槓兄弟卻從來沒有敲過,應得用個甚麼法子?」單太爺道:「只要有本事會敲,一敲下去,十萬、八萬也論不定,三萬、二萬也論不定,再少一萬、八千也論不定:看甚麼事情去做,要敲敲大的。至於今天說官司,明天包漕米,什麼零零碎碎,三塊、五塊,十塊、八塊,弄得不吃羊肉空惹一身騷,那是要壞名氣的,這種竹槓我勸你還是不敲的好。要弄弄一筆大的。就是人家說我們敲竹槓,不錯,是我的本事敲來的,爾其將奈我何,就是因此被人家說壞

名氣，也還值得。」魏竹岡聽了，心上歡喜，張開鬍子嘴，笑
的合不攏來。笑了一會，說道：「我也不想十萬、八萬，三萬、
兩萬，只弄他一萬、八千，拿來放放利錢，夠了我的養老盤纏，
我也心滿意足了。如今倒是怎麼樣敲法的好？還是寫信，還是
當面？」單太爺想了半天，道：「當面怕弄僵，還是寫信的好。
你寫信只管打官話，是不怕他出首的。有甚麼事情，裏頭我有
一個至好朋友替我做內線。見事論事，隨機應變，依我看來，
斷沒有不來的。」

　　說到這裏，伺候他的小廝上來請吃飯。魏竹岡不答應，看
他意思，想要把信寫好再吃飯。只見他走到書桌跟前坐下，開
了墨盒子，順手取過信箋，一隻手摸著箋紙，一隻手拿了一枝
筆，將筆頭含在嘴裏，閉著眼睛出神。卻不料單太爺自從下午
到此，已經坐了大半天，腹中老大有點饑餓，又不便一人先吃，
只得催他吃過晚飯再寫。魏竹岡至此方悟客人未曾吃飯，連忙
吩咐小廝進去說：「今天有客在此，菜不夠吃，快去添樣菜
來。」小廝進去多時，方見捧了一小碟炒雞蛋出來。安排匙箸
都已停當，二人一同入座。單太爺舉眼看時，只見桌上的菜一
共三碟一碗：一碟炒蠶豆，一碟豆腐乳，一碟就是剛才添出來
的雞蛋，一碗雪裏紅蝦米醬油湯。等到將飯擺上，乃是開水泡
的乾飯。魏竹岡舉箸相讓，謙稱「沒有菜。」單太爺道：「好
說。彼此知己，只要家常便飯，本來無須客氣。」一面吃著，

14

魏竹岡又拿筷子夾了一小塊豆腐乳送到單太爺碗上，說道：「此乃賤內親手做的，老哥嘗嘗滋味如何。」單太爺連稱「很好——。」說話間，魏竹岡已吃了三碗泡飯，單太爺一碗未完，只聽他說了聲「慢請」，立起身來，走過去拔起筆來寫信。幸而他是兩榜出身，又兼歷年在家包攬詞訟，就是刀筆也還來得，所以寫封把信並不煩難。等到單太爺吃完了飯過來看時，已經寫成三四張了。

他一頭寫，單太爺一頭看；等到看完，他亦寫完。只見上頭先寫些仰慕的話，接著又寫了些自己謙虛的話，末後才說到：「本城並無土匪作亂。先前不過幾個強盜，打劫了兩家當典、錢莊。城廂重地，迭出搶案，地方官例有處分；乃地方官為規避處分起見，索性張大其詞，托言土匪造反，非地方官所能抵禦，以冀寬免處分。上憲不察，特派重兵前來剿捕。議者皆謂閣下到此，亟應察訪虛實，鎮撫閭閻〔註：本指里巷的門，代稱平民百姓。〕。乃計不出此，而亦偏聽地方文武蒙蔽之言，以搜捕遺孽為名，縱所部兵四出劫掠，焚戮淫暴，無所不為。合境蒙冤，神人共憤。現在梓里士民，爭欲聯名赴省上控。幸鄙人與執事誼屬同門，交非泛泛，稔知此等舉動皆不肖將弁所為，閣下決不出此。惟探聞上控呈詞，業經擬定，共計八款，子目未詳。叨在知交，易敢不以實告。應如何預為抵制之處，尚祈大才斟酌，並望示覆為盼」各等語。

15

　　單太爺看了，連連拍手稱妙。魏竹岡道：「我只同他拉交情，招呼他，看他如何回答我。」單太爺道：「聽裏頭朋友說，他還有矇開保案、浮開報銷幾條大劣跡，為什麼不一同敘進？」魏竹岡拿手指著「共計八款」四個字，說道：「一齊包括在內，給他個糊裏糊塗的好。等他來問我，我再一樣一樣的告訴他。我的信只算要好通個信，我犯不著派他不是，所以信上有些話一齊託了別人的口氣，不說是我說的，只要他覺著就是了。」單太爺聽了甚為佩服，連說：「到底竹翁先生是做八股做通的人，一通而無不通。——小弟是沒有讀過書，主意雖有，提起筆來就要現原形的。」魏竹岡道：「這也怪不得你。你若八股做通，你早已上去，也不在這裏做縣丞了。」正說著，將信封好，開了信面。怕自己的跟人不在行，交給單太爺的小跟班即刻去送，叫他到船上說是魏家來的，守候回信，千萬不可說明是單太爺的家人。小跟班的答應著去了。約摸兩個鐘頭，方才拿了一張回片回來，說：「有信明天送過來。」魏竹岡道：「我這個信不是甚麼容易覆的，定要斟酌斟酌，且看他明日回信如何寫法，再作道理。倘若沒有回信，好在你有位朋友在裏頭，就託他探個信，告訴我們一聲。或者再寫一封信去，或者商量別的辦法。」單太爺答應著，又說了些別的閒話，方才回去。按下不表。

　　且說周老爺自從辭別單太爺出城之後，一直回到船上。畢竟心懷鬼胎，見了胡統領比前反覺殷勤。胡統領本是個隨隨便便的人，倒也並不在意。等到晚上吃過夜飯，正是幾個隨員在大船上趨奉統領的時候，忽見船頭上傳進一封信來，說是本地紳衿魏大老爺那裏寫來的。胡統領聽了詫異，連忙接在手中一看，只見上面寫明「內要信送呈胡大人勳啟」，下面只寫著「魏緘」兩個字，還有「守候福音」四個小字。一頭拆信，一頭心上轉念：「我並不認得此人，這是那裏來的？」信封拆破，掏出來一看，先是一張名片，刻著「魏翹」兩個大字，後面注著「拜謁留名，不作別用」八個紅字。另用墨筆添寫「號竹岡，某科舉人、某科進士、兵部主事、會試出某某先生之門。」胡統領看了明白：「是要我曉得他與我同門的意思。看來總是拉攏交情，為借貸說項地步。」因此並不在意，從從容容將信取閱。及至看到一半，說著「並無土匪」的事，心中始覺慌張；兼之一路看來，無非責備他的話頭，因此心上很不舒服；及至臨了，敘到他兩個本是同門，因此特地前來關照，以及「守候回信」等語。他翻來覆去看了兩遍，一聲不響。眾隨員瞧看也摸不著頭腦。周老爺雖已猜著九分九，也只好裝作不知，一傍動問：「是那裏來信？為的甚麼事情？」胡統領不說甚麼，但把信交在周老爺手中，說了聲「你去看」，自己躺下吃煙。周老爺接信在手，從頭至尾看了一遍，心內早已了然，口中不便說出。只說：「奇怪得很！看他來信倒著實同大人要好，所以

特地前來關照。」胡統領道：「他雖然與我同門，我又何曾認
得他？你說他同我要好，所以特來關照，據我看來，只怕不是
好意思呢！」周老爺道：「這也不見得。倘若他不同大人同門，
或者難保，既然同大人有此一層交情，借此拉攏，或者有之。
倒是他信面上寫明白守候回信，現在怎樣回他？」胡統領道：
「給他個回片，先叫來人轉去，等明天訪明實在，有回信再給
他送去。」家人們答應一聲，取出名片交給來人，叫他回去銷
差。

　　這裏胡統領抽了幾口煙，一聲不響，等到過足了癮，坐起
來對周老爺說道：「我看這件事情不妙。好在眼前都是自己人。
這件事情倘若鬧了出來，終究有點不便。怎麼想個法子預先佈
置佈置的好。事不宜遲，辦事越慢，花錢越多。就是我從前謀
這個差使的時候，軍機王大人跟前經手的朋友是他的內侄，這
條路原是再好沒有。他只叫我送三千銀子的贄見，包我得這個
差使。我嫌多沒有理他。後來託了別人，一花花了五千，經手
的還要謝儀，一共花了六千，足足的耽擱了半年事情才成功。
兄弟是過來人，這點機關我還懂得。諸位替我想想看，可是不
是？」文七爺介面道：「大人這事怕什麼！大人是上頭派了來
的，無論事情辦的錯不錯，一來上頭總得護著大人，斷不肯自
己認錯；二來縣裏有他們鄉下人的甘結、領狀，都是真憑實據。
他們有多大膽子敢上控！直捷可以不理他。」胡統領尚未開言，

周老爺道：「怕呢原是沒有什麼怕他，但是等到事情鬧出來，大家沒有味，這種人直捷是地方上的無賴，勝之不足為榮，敗之反足為辱。還是大人的明鑒，預先佈置的好。」文七爺道：「只要我們理直氣壯，怕他怎的！」胡統領道：「文大哥，周某人話不錯。兄弟的脾氣，寧可息事，花兩錢算什麼，只要小的去，大的來，就有在裏頭了。但是總得有個人先去探探口氣，我們才好商量。」周老爺道：「是。先去探探口氣，果然是美意，我們也樂得同他拉攏拉攏。大人就給他一角公事，或者請他清查本地被土匪擾害的災戶，借此為名，等他開支幾兩銀子的薪水，這是好的一面說法。倘若存了別的主意，大人跟前卑職要直談的，那是他一定存了敲竹槓的意思。但是現在先寫信，看來事情一定還可挽回，大人也不必煩心。這裏的捕廳姓單，同卑職是十幾年的相好，聽說他同本地這些人還聯絡得來，卑職就去找他當中疏通疏通，將來事成之後，大案裏頭，求大人賞他一個保舉就是了。」胡統領道：「這是惠而不費的，我又何樂而不為呢。但是你老哥見了單縣丞，只說你託他，不必提出我來。各式事情，我們心照就是了。」周老爺答應著說：「明天一早就進城去。事情要辦的快，總要明天一天裏頭了結才好。」胡統領道：「是啊。如此我也不留你們多坐了。你們各自回船歇息，明天好辦正經。」於是各隨員一齊辭別退去。

到了次日，周老爺果然起了一個早，坐轎進城會見單太爺，

講起昨夜統領的情形，知道事有把握。單太爺幫著敲了竹槓，統領還要保舉他，真是名利兼收，非常之喜，連說：「晚生倘能因此過班，已是老堂翁的提拔。——至於銀錢裏頭，用著晚生出力的地方，晚生無不竭力，無論多少好處，一齊都是你堂翁的。至於魏老朋友那裏，有兄弟去抗，少則一頭二千，多則三五六千，隨你堂翁的便。他坐在家裏那裏來得這些銀子，多了豈不是白便易他呢。」周老爺聽了，自然也自歡喜。又商量了一回，仍舊出城稟見統領，說起這魏竹岡的為人：「據單縣丞說，竟其不是個好東西，而且同京裏張昌言張御史是姑表兄弟，所以在地方上很不安分。地方官看他表弟面上，有些事情都讓他，不同他計較。單縣丞雖然同他要好，曉得他利心太重，有些話也只好說起來看。總之，想敲一個大竹槓是實情。」胡統領聽了躊躇道：「少呢，我們那裏不花兩錢，如果要的多，也只好聽他的便了。」周老爺道：「據單縣丞說，只怕開出口來不會少呢！」胡統領聽了詫異道：「怎麼單縣丞曉得他要敲我的竹槓？」周老爺連忙分辯道：「他如何會曉得，也不過外頭聽來的傳言，他聽見大人肯賞他保舉，他感激的了不得，立刻就到姓魏的那裏探聽去了。」

周老爺正同統領說話的時候，忽然船頭上有人來回說：「有客到隔壁船上拜周老爺。」周老爺道：「只怕是單縣丞探了口氣來了。」統領道：「論不定就是他，你快過去看看罷。」

周老爺辭別出來，回到自己船上，果然是單太爺。當時因人多不便說話，便把他拉到耳艙裏，兩個人鬼鬼祟祟的半天。周老爺送客出來，一直仍回到統領船上，一進門見了統領，便嚷道：「真正想不到的事情，簡捷要把卑職氣死！怎麼不做一個好人，一定要敲竹槓！」胡統領忙問：「怎的？」周老爺只顧說他自己的話，說道：「他上天討價，不能不由我落地還錢。且看單太爺去說，他能聽不能聽，再作道理。」胡統領忙問：「到底他要多少數目？」周老爺道：「大人估量他要多少？」胡統領道：「多則五千，少則三千。」周老爺道：「三千再加一百倍！」胡統領楞了一楞，舌頭一伸，道：「怎麼一百倍？」周老爺道：「他開口就是三十萬，豈不是一百倍。」胡統領道：「他的心比誰還狠！咱們辛苦了一趟，所為何事，他竟要一網打盡，我們還要吃甚麼呢。你怎麼回頭他的？」周老爺道：「回頭了他恐防生變。卑職總想著大人『寧可息事』的一句話，只同他講價錢，不同他翻臉。」胡統領道：「你到底同他講多少？」周老爺道：「他開的盤子太大了，過少不好出口，卑職還了他三萬。」胡統領聽了，默默無語。停了好半天，又問道：「你還他三萬，他答應不答應呢？」周老爺道：「他要三十萬，是單縣丞傳來的。卑職只還個數目給他，不曉得他答應不答應。」胡統領聽了搖搖頭，說道：「都要像這樣敲起來，一個三萬，十個就是三十萬。我的錢有完的時候，他們的竹槓沒有完的時候。這個我吃不了！你替我回頭他：有什麼本事只管施

來，我不怕；如若要錢，我沒有。」

周老爺聽了，陡的吃了一驚，心上思量道：「怎麼這件事他倒變起卦來？而且也不像他平日為人。」但是碰了下來，也不好說別的，只搭訕著說道：「卑職這事是仰體大人意思做的，所以敢還他一個價，橫豎這點數目總還開銷得出。」胡統領一聽話中有因，明明說他的錢是賺來的，揭著他的痛瘡，心上越發生氣。其時天氣已交小寒，胡統領穿著一件棗兒紅的大毛袍子，沒有紮腰，也沒有穿馬褂，頭上戴著「皮困秋」〔註：一種帽子的名稱。〕，腳下登著薄底京靴，因為烘眼，戴了一付又大又圓的墨晶眼鏡，一手捧著水煙袋，一手絡著老鼠鬍子，坐在床邊上，搖來搖去，床上點著煙燈。只見他的面孔比鐵還青，坐了老半天，一聲不響。周老爺也只好相對無言。又歇了一會，說道：「我替他們地方上辦了這麼大的一件事，一把萬民傘都沒有，還來敲我的竹槓！」周老爺道：「等卑職出去通個風給他們，一定有得來的。」胡統領道：「算了罷！我省得三萬銀子，至少幾千把萬民傘好做。這個虛體面，我如今亦不在乎了？」周老爺一連碰了幾個釘子，滿肚皮不願意，癟在肚裏不敢響。聽他的口音，三萬頭還賴著不肯出。一時不敢多說，只得隨便敷衍了幾句，搭訕著出去。

回到自己船上，踱來踱去，一時想不出主意。想了半天，

忽然想到建德縣莊某人，統領同他還說得來，只好請他來打個圓場，或者有個挽回，到底撈他兩個。主意打定，便去拜見莊大老爺，言明來意，只說：「外頭風聲甚是不好，雖然鄉下人都有真憑實據在我們手裏，到底鬧出來總不好看。魏竹岡是著名的無賴，送他兩個，堵堵他的嘴，我們省聽多少閒話。」莊大老爺聽了，心想：「上回鄉下人的事情，雖然我替統領竭力的做了下來，然而對得住上司，畢竟對不住百姓，早晚總有一個反復。倒不如等他們出兩個錢，我也免得後患。」想罷，便連聲稱「是──」。又道：「統領脾氣，兄弟是曉得的，等兄弟去勸他，應該總答應。」周老爺感激不盡，辭別出門。不多時候，莊大老爺也就來了。見了統領，閒談了幾句，慢慢講到此事。胡統領咬定一口不答應，還說了許多閒話，總怪周老爺幫著外頭人。又說：「兄弟這趟差使是苦差使，瞞不過諸公的。周某人總想多開銷兄弟兩個他才高興，不曉得他存著一個甚麼心。像你老哥才算得真能辦事情的人。」莊大老爺隨便替周老爺分辯了兩句，把嘴湊在統領耳朵上，咕咕唧唧了半天。稱見統領皺一回眉，搖一回頭；後來漸漸有了笑容，一連把頭點了幾點，方才高聲說道：「這件事，兄弟總看你老哥的面子，如果是別人，兄弟一定不能答應。」莊大老爺又重新謝過，辭別回去不題。

　　單說胡統領此番雖然聽了莊大老爺的話，答應送魏竹岡三

萬銀子，託為佈置一切。他的初意，因為不放心周老爺，一定要莊大老爺經手。莊大老爺明曉得這裏頭周某人有好處，而且當面又託過，犯不著做甚麼惡人，所以求了統領，仍交周某人經手。統領面子上雖然答應，等周老爺上來請示要劃這筆銀子，他老人家總是推三阻四，一連耽擱了好幾天亦沒有吩咐下來。周老爺心上著急，又不好十分催他。而且胡統領有意為難，過了兩天，竟其推病不見客，連周老爺來見也是不見。等到病好，周老爺再上去請示，倒說：「兄弟那裏來的錢？還是老兄外頭面子大，交情多，無論那裏先替兄弟拉三萬銀子；隨後等兄弟有了缺，本利一個不少他的就是了。」周老爺聽了，氣得半天說不出話來。意思待要發作兩句，既而一想：「好漢不吃眼前虧。且讓他一步，再作道理。」回到自己船上，越想越氣。忽又想到：「戴大理的話真是一點不錯。橫豎總不落好，碰見這種人只好同他硬做。但是一件：銀錢是黃仲皆經管，我今同他商量，他是個膽小人，一定不肯答應，與其碰了回來，不如不張口為妙。」想來想去，一夜未眠。

次日一早起身，正在一個人盤算主意的時候，齊巧單太爺前來探信。周老爺一想：「他來得湊巧，我今姑且同他商量。」當下請進，見面敘坐。周老爺先開口道：「一連接到老哥三張條子，為著事情大有反復，所以一直未能報命。」單太爺道：「晚生並不能來催堂翁，只因魏竹岡天天派人到晚生那裏來討

回信，賽如欠了他的債一般。這種人真正可惡！晚生想不去理他，又怕耽誤了堂翁這邊的事，統領跟前天以交代，所以急於兩面圓場。也曉得堂翁這裏事情多，不好為著這點小事情時來絮聒，為的實係被催不過，所以寫過幾封信，意思想討堂翁一個回信，晚生也好回覆前途。一連幾日，既未見堂翁進城，事情如何又未蒙台諭，所以晚生只得自己過來，一來請請安，二來請個示，到底這事如何辦法？」周老爺聽了，皺了一皺眉頭，說道：「兄弟亦正因此事為難，正想進城同老哥商量，現在老哥來此甚好。」單太爺道：「怎麼說？」周老爺把嘴湊在他耳朵邊，將此事始末緣由，他如何為難，統領如何蠻橫，現在想賴這筆銀子的話，說了一遍。

單太爺聽了，想了一回，說道：「堂翁現在意下如何？」周老爺道：「這種人不到黃河心不死。現在橫豎我們總不落好，索性給他一個一不做，二不休。你看如何？」單太爺道：「任憑他們去上控？」周老爺道：「猶不止此。」單太爺詫異道：「還要怎樣？」周老爺楞了半天，方說道：「論理呢，我們原不應該下此毒手，但是他這人橫豎拿著好人當壞人的，出了好心沒有好報，我也犯不著替他了事。依我的意思，單叫人去上控還是便易他，最好弄個人從裏頭參出來，給他一個迅雷不及掩耳。要賺大家賺，要漂大家漂，何苦單單便易他一個。我上回恍惚聽你老哥說起，張昌言張御史同魏竹岡是表兄弟，可有

25

這個話？」單太爺道：「他倆不錯是表兄弟。但是他如今通信不通信，須得問問魏竹岡方曉得。」周老爺道：「我想託你去找找他，通個信到京裏幹他一下子，你看怎樣？」單太爺道：「只要他肯寫信，那是沒有不成功的。但是一件，事情越鬧越大，將來怎麼收功？於他固然有損，於我們亦何嘗有益呢？」周老爺道：「我不為別的，我定要出這一口氣，就是張都老爺那裏稍須要點綴點綴，這個錢我也肯拿。」

單太爺一聽他肯拿錢，便也心中一動，辭別起身，去找魏竹岡。兩人見面之下，魏竹岡曉得事情不成功，這一氣也非同小可，大罵胡統領不止，立刻要親自進省去上控，不怕弄他不倒。單太爺道：「現在縣裏有了憑據，所以他們有恃無恐。他是省裏委下來的，撫台一定幫好了他。官司打不贏，徒然討場沒趣。」魏竹岡道：「省控不准就京控。」單太爺道：「你有閒工夫同他去打，這筆打官司的錢那裏來呢？」魏竹岡一聽這話有理，半天不語。單太爺道：「你令親在京裏，不好託託他想個法子嗎？」魏竹岡道：「再不要提起我們那位舍表弟。他自從補了御史，時常寫信來託我替他拉買賣。我這趟在屯溪替他拉到一注，人家送了五百兩。我不想賺他的，同他好商量，在裏頭挪出二百我用，誰知他來信一定不肯，說年底下空子多，好歹叫我匯給他。還說明：『將來你表兄有什麼事情，小弟無不竭力幫忙，應該要一百的，打個對折就夠了。』老父台，你

想想看，我老表兄的事情，他不肯說不要錢，只肯打個對折，你說他這要錢的心可多狠！」單太爺道：「不管他心狠不心狠，『千里為官只為財』，這個錢也是他們做都老爺的人應該要的。不然，他們在京裏，難道叫他喝西北風不成？」魏竹岡道：「閒話少說，現在我就寫信去託。但是一件，空口說白話，恐怕不著力，前途要有點說法方好。」單太爺道：「看上去不至於落空。至於一定要若干，我卻不敢包場。」魏竹岡道：「到底肯出若干買他這個摺子？」單太爺道：「現在已到年下了，送點小意思，總算個炭敬罷了。」魏竹岡道：「炭敬亦有多少：一萬、八萬也是，三十、二十亦是。到底若干，說明白了我好去託他。你不知道他們這些都老爺賣折參人，同大老官們寫信，都與做買賣一樣，一兩銀子，就還你一兩銀子的貨；十兩銀子，就還你十兩銀子的貨，卻最為公氣，一點不肯騙人的。所以叫人家相信，肯拿銀子送給他用。我看這件事情總算兄弟家鄉的事情，於兄弟也有關係，你也一定有人託你。你就同前途說，叫他拿五百兩銀子，我替他包辦。」單太爺道：「五百太多罷？」魏竹岡道：「論起這件事來，五千也不為多。現在一來是你老哥來託我，二來舍表弟那裏我也好措辭。總而言之：這件事參出去，胡統領一面多少總可以生法，還可以『樹上開花』。不過借我們這點當作藥錢，好處在後頭，所以不必叫他多要。你如今連個『名世之數』〔註：五百的代稱，語出《孟子》：「五百年必有王者興，其間必有名世者。」〕都不肯出，

真正大才小用了。」單太爺道：「這錢也不是我出，等我同前途商量好了再來覆你。」魏竹岡道：「要寫信，早給兄弟一個回頭。」單太爺道：「這個自然。」說完別去。

　　當晚出城，找到周老爺說：「姓魏的答應寫信，言明一千銀子包辦。」周老爺聽了嫌多。當下同單太爺再三斟酌，只出六百銀子。單太爺無奈，只得拿了三百銀子去託魏竹岡說：「前途實在拿不出。大小是件生意，你就賤賣一次，以後補你的情便了。」魏竹岡起先還不答應，禁不住單太爺涎臉相求，魏竹岡只得應允。等到單太爺去後，寫了一封信，只封得五十銀子給他表弟，託他奏參出去。以後如何，且聽下回分解。

第十八回　頌德政大令挖腰包　查參案隨員賣關節

　　卻說胡統領自從到了嚴州，本地地方官備了行轅，屢次請他上岸去住，無奈他迷戀龍珠，為色所困，難捨難分，所以一直就在船上打了「水公館」。後來接到上憲來文，叫他回省，他便把經手未完事件趕辦清楚，定期動身。此番出省剿匪，共計浮開報銷三十八萬之譜：有些已經開支，有的尚待回省補領。胡統領心滿意足。自己想想，總覺有點過意不去，便於其中提出二萬：一萬派給眾位文武隨員，以及老夫子、家人等眾，一來叫他們感激，二來也好堵堵他的嘴。周老爺雖非統領所喜，因為一切事情都是他經手，特地分給他三千。下餘的一千、八百，三百、五百，大小不等。趙不了頂沒用，也分到一百五十兩銀子，比起統領頂得意的門上曹二爺雖覺不如，在他已經樂的不可收拾了。

　　尚有一萬，由統領交託周老爺，說道：「本地紳士魏竹岡，他要敲兄弟三萬，他的心未免太狠，我一時那裏來得及。現在把這一萬銀子，託老兄替兄弟去安排安排，免得他們說話，大家不乾淨。倘若不夠，只得請老兄替兄弟代挪數千金補上，再

29

要多，我可沒有了。」周老爺聽了，心下尋思道：「我的媽！你這錢若肯早拿幾天，我也不至於託姓魏的寫信到京裏去了。現在事已如此，再出多些也無益，我樂得自己上腰，也犯不著再給姓魏的。我有了這個錢，回省之後另打主意，或者仍往山東一跑，將來就是他們參了出來，弄到放欽差查辦，也與我不相干涉。」主意打定，仍舊恭而且敬的回答統領道：「大人委辦的事，卑職沒有不盡心的。齊巧這兩天他們那邊也鬆了下來，大約一萬就可了事。」胡統領道：「可見這些人是賤的。你不理他，一萬也就好了，你若是依著他，只怕三萬也不會了事。」周老爺心裏好笑，嘴裏不作聲。

　　胡統領道：「現在錢也出了，我的萬民傘呢？這點虛面子，他們總不好少我的罷？」周老爺道：「這個自然。」胡統領道：「一萬銀子買幾把布傘，我還是不要的好。」周老爺道：「叫他們送緞子的。城裏一把，四鄉四把，至少也得五把。」胡統領道：「我不是稀罕這個，為的是面子，被上司曉得，還說我替地方上出了怎麼大一把力，連把萬民傘還沒有，面子上說不下去。」周老爺答應著，見話說完，退了下去。一頭走，一頭想，心想：這送萬民傘的事情須得同本地紳士商量。現在這些人一齊把統領恨如切骨，說上去非但不聽，而且還要受他們的句子〔註：冷言冷語。〕，不如且到縣裏同莊某人斟酌斟酌再說。」主意打定，立刻坐了轎子到縣裏拜會莊大老爺，說明來

30

意。

　　莊大老爺道：「我雖是地方官，這件事也不好勉強他們，須得他們願意。而且我也不好同他們去談這個。你去找找捕廳單某人，他與本地紳士還聯絡，不如叫他去說說看。說成了固然是好，倘若不成功，他的主意多，叫他想個法子弄幾把傘，有幾個人送了去，統領面子上糊得過，不就結了嗎？」周老爺道：「單某人是我認得的，如此即刻我去找他。」說完辭了出來。捕廳就在縣衙東面，也不用坐轎子，踱了過來。單太爺接著，寒暄之後，便問：「老堂台同統領幾時動身？晚生明日要還請老堂台敘敘，一定要賞光的。」周老爺自然謙了幾句，便將來意告知。單太爺道：「紳士、商人於統領的口碑都有限，如今叫他們送萬民傘，就是貼了錢也萬萬不會成功，不如不去的好。老堂台如果怕統領面子上難以交代，晚生有句老實話：除非統領大人自己挖腰包不可。若以現在外面口碑而論，就是統領大人自己把牌、傘做好交給他們，他們也未必就肯送來，因為來了就要磕頭的。老堂台如今要辦這個，依晚生愚見，這筆錢是沒有人肯出的。果然自己挖腰包把傘做好，由晚生這裏雇幾個人替你搠了去，也還容易。但是這些戴頂子送的人那裏去找？」周老爺聽了不語，心下尋思道：「好在我已拿著他一萬銀子，拚出一二百塊錢，做幾把傘、四扇牌應酬他也不打緊。」想罷，便對單太爺道：「這個錢現在歸兄弟拿出來，你

不必愁。但是請幾位朋友去送，總得你老哥想個法子，到底你老哥在這裏做官做久了，外面人頭熟，說出去的話，人家總得還你個面子。」單太爺道：「人頭果然熟，然而也要看甚麼事情。我替老堂台想，你們帶來的營頭，還有炮船那些統領、幫帶、哨官、什長，那一個不是顏色頂子。去同他們商量，到了那天檢幾個永遠見不著統領面的，叫他們穿著衣帽來送，就說是本地紳衿。橫豎進來磕過頭就出去的，誰能辨他是真假呢？」

周老爺一聽不錯，連稱：「老哥所說極是，兄弟一定照辦。——」又把做萬民牌、傘的事託單太爺代辦。單太爺問：「做甚麼樣子的？」周老爺說：「要緞子的。」單太爺楞了一楞道：「緞子的太費罷？」周老爺道：「不用緞子，至少也得綾子。你老哥瞧著看，怎麼省錢，怎麼好看怎麼辦。兄弟的事情，你老哥還肯叫我多化錢嗎。」說著又問：「幾天做好？何日去送？」單太爺屈指一算，說：「今天不算，總得兩天做成，一準第三天送就是了。」周老爺回到城外，先去找了趙大人、魯總爺一幫人，商量妥當，把人頭派齊。然後回到大船上稟知統領，統領自然無話。預備第三天早上收過萬民傘、德政牌之後，飯後開船回省。

正是光陰迅速，轉瞬間已到了第二天了。這天合城文武在本府衙門備了滿、漢全席，公餞統領，並請了周老爺、趙不了

32

等一班隨員、老夫子作陪，又傳了一班戲在廳上唱著。當下自然是胡統領坐了居中第一位，眾官左右相陪。胡統領穿的是吉祥猁缺衿袍子，反穿金絲猴馬褂。臺子面前放著一個大火盆，燒著通紅的炭。十多個穿袍套的管家，左右分班上菜斟酒。從午後兩點鐘入座，一直吃到上燈還沒有完。胡統領嘴裏喝著酒，眼裏看著戲，正在出神時候，不提防一陣風來，把戲臺上一幅彩綢吹在蠟燭上，登時燒將起來。雖然當時就被人瞧見，趕緊上前撲救；無奈風大得很，早已轟轟烈烈，把簷上掛的彩綢一齊燒著。大眾這一驚非同小可！一時七手八腳，異常忙亂：有些人取水潑救，有些人想拿竹杆子去挑。其時戲臺上已經停鑼，眾戲子一齊站在台口上幫著出力。幸虧其中有一個唱「開口跳」〔註：京戲中的武丑。〕的小丑，本事高強，攀著柱子爬了上去，左一拉，右一扯，總算把彩綢扯下，餘火撲滅。一場大禍，頓歸烏有，眾人方才把心放下。回看地上，業已滿地是水，當差的拿掃帚掃過，重新入席，開鑼唱戲。

當火起的時候，胡統領面色都嚇白了，就叫打轎子說要回去。後見無事，眾官又過來一再挽留，請大人寬用幾杯，替大人壓驚。誰知這位統領大人是忌諱最多的，見了這個樣子，心上很不高興，勉強喝過幾杯，未及傳飯，首先回船。眾人亦紛紛相繼告辭。胡統領回到船上，開口就說：「今日好端端的人家替我餞行，幾乎失火，不曉得是甚麼兆頭！」眾人不敢回答。

虧得文七爺能言慣道，便說：「火是旺相。這是大人升官的預兆，一定是好兆頭。」一句話把他老人家提醒，說說笑笑，依舊歡天喜地起來。

　　到了第三天，手下之人一齊起早伺候。碼頭上本有彩棚，因為統領定於今日動身回省，首縣辦差家人重將彩綢燈籠更換一新。大小炮船，一律旌旆鮮明，迎風招展。碼頭左右，全是水陸大小將官，行裝跨刀，左右鵠立。將官之下，便是全軍隊伍，足足站有三四里路之遙，或執刀叉，或擎洋槍。每五十人，便有一員哨官，手拿馬棒，往來彈壓。德政牌、傘言明是日十點鐘由城裏送到船上。趙大人、魯總爺所派武職人員，一早穿了衣帽，同到單太爺那裏，預備冒充本城紳衿，遮掩統領耳目。單太爺又嫌人數太少，不足壯觀，另把自己素有往來的幾個賣買人，甚麼米店老闆、南貨鋪裏掌櫃的，還有兩個當書辦的，一齊穿了頂帽，坐了單太爺預備的小轎。單太爺辦事精細，恐怕惹人議論，叫人悄悄的到傘、牌店裏，把五把傘、四扇牌取來，送到城門洞子裏會齊。又預先傳了一班鼓手在那裏候著。等到諸位副爺、老闆轎子一到，然後將傘撐起，隨著鼓手、德政牌，吹打著一同出城。出城不遠，兩旁便有兵勇站街，有人保護，不怕滋事了。分派停當，已經九下鐘。合城文武官員絡續奔至城外官廳伺候。

　　約摸有十點半鐘，只聽岸灘上三聲大炮，兩旁吹鼓亭吹打起來。胡統領趕忙更換衣冠：頭戴紅頂貂帽，後拖一支藍翎大披肩的花翎；身穿棗兒紅猞猁猻缺襟開氣袍，上罩一件壽桃貂馬褂，下垂對子荷包；腳登綠皮挖如意行靴。幾個管家，一個個都是灰色搭連布袍子，天青哈喇呢馬褂，頭戴白頂水晶頂，後拖貂尾，腳踏快靴。其時德政牌、傘已到岸上彩棚底下，一眾送傘的人齊上手本。執帖門上呈上統領過目之後，便吩咐伺候。岸上又升三聲大炮。只見十六名親兵，穿著紅羽毛、黑絨鑲滾的號褂戰裙，手執雪亮鋼叉，鋼叉之上，一齊纏著紅綢。親兵後頭，挨排八個差官。由船到岸雖只一箭之遙，只因體制所關，所以胡統領仍舊坐了四人綠呢大轎。轎前一把行傘，轎後一群跟班。到了岸上彩棚底下下轎，朝著眾位送傘的人謙遜了見句。其時地上紅氈官墊都已鋪齊，眾人紛紛磕頭下去。統領一旁還禮不迭。起來又謝過眾人，又留諸位到船上吃茶。眾人再三辭謝。統領送過眾人。其時各炮船船頭上齊開大炮，轟轟隆隆，鬧的鎮天價響。兩旁兵勇掌號，吹鼓亭吹打細樂。統領依舊坐著轎子，由差官、親兵等簇擁回船。

　　不提防轎子剛才抬上跳板，忽見一群披麻帶孝的人，手拿紙錠，一齊奔到河灘，朝著大船放聲號啕痛哭起來。其時統領手下的親兵，縣城派來的差役，見了這個樣子，拿馬棒的拿馬棒，拿鞭子的拿鞭子，一齊上前吆喝。誰料這些人絲毫不怕，

起先是哭，後來帶哭帶罵。罵的話雖然聽不清楚，隱隱間也有一二句可以辨得，說甚麼「官兵就是強盜，害的我們好苦呀」一派話頭。這些人聽了，愈加生氣，打罵的更凶。那些人只是哭他的，伏在地下，慢慢化錠，慢慢訴說，只是不動。四面彈壓的人及碼頭上瞧熱鬧的人，早已聚了無數。哭罵的話，胡統領也並非一無所聞，幸虧他寬宏大量，裝作不知。上船之後，就命立刻開船，離了碼頭。

　　再說府、縣各官聽說統領就要開船，一齊踱出官廳，上船叩送。走至岸灘，見了許多人圍聚一處，問起根由，眾人不敢隱瞞，只得依實直說。本府不語。首縣莊大老爺便罵當差的，問他：「為什麼不早驅逐閒人？現在圍了多少人在這裏，叫統領大人瞧著像個什麼樣子呢？」辦差的不敢回嘴。莊大老爺又吩咐：「把地保鎖起來！」地保一聽老爺動氣，立刻分開眾人，要想把一個身穿重孝，哭的最利害的人，扭了來稟見本官。誰知這個人並不畏懼，反拿了哭喪棒打地保的頭，嘴裏還說：「我的媽，我的哥，都死在他們手裏，我的房子亦燒掉了，我還要命嗎！他是什麼大人！我見了他，我拚著命不要，我定要同他拚拚！」其時莊大老爺站在碼頭上，這些話都聽得明白，曉得罵的不是自己，雖然生氣，似乎可以寬些，忙傳話下去，叫地保不要同他囉嗦，把他們趕掉就是了。地保得令，同著七八個差役，兩個拖一個，把他們拖走。這些人依舊破口罵個不

了。但是相去已遠,統領聽不見,莊大老爺也聽不見,就作為如無其事,不去提他了。

且說各官捱排見過了統領,各人有各人坐船,一齊各回本船,跟著統領的船走了有十幾里。統領再三相辭,方才回去。至各武官一齊在江邊排隊,鳴槍跪送,更不消說得。本道駐紮衢州,自從九月生病,請了三個多月的假。上頭因為他京裏有照應,所以並不動他。地方上雖有事,竟於他絲毫不相干涉似的。自從胡統領到嚴州,一直等到回省,始終未見一面。胡統領也曉得他的來頭,所以也並不追求。

正是有話便長,無話便短。胡統領在船上走了幾天,頂到回省已經是年下。照例上院稟見,一則稟陳剿辦情形,二則叩謝隨折保獎。照例公事,敷衍過去。下來之後,便是同寅接風,僚屬賀喜。過年之時,另有一番忙碌。官樣文章,不必細述。單說同去的隨員,黃、文兩位,各自回家。周老爺原有撫院文案差使,撫憲同他要好,一直未曾開去,他回省之後,原舊可以當他的差使。無奈他在嚴州因與胡統領屢屢齟齬,非但託人到京買折奏參,而且還賺了他一萬銀子,將來這事總要發作,浙江終究不能立足。與其將來弄得不好,不如趁此囊橐充盈,見機而作。所以自從回省之後,一直請假,在朋友家中借住。等到捱過元宵,他又借著探親為名,上院稟見撫憲,口稱:

37

「親老多病，倚閭望切，屢屢寄信前來叫卑職回去。今幸嚴州土匪一律剿平，卑職並無經手未完事件，意欲請假半載，回籍省親。假滿之後，一定仍來報效。」劉中丞是同他有交情的，聽了此言，甚為關切，不得不允。但嫌半年日子太長，只給了三個月的假，還說：「隨折只保得胡道一人，早奉批折允准。旨意上並准兄弟擇尤保獎，不日就要出奏，老哥的事情，是用不著囑咐的。」周老爺又請安謝過。然後下去稟辭各上司，辭別各同寅，捲捲行李，搭上了小火輪，先到上海，再圖行止。按下慢表。

再說戴大理聽見胡統領回省，先到公館稟見。見面之後，寒暄幾句，胡統領先謝他從中斡旋之事，又提到周老爺，竟其甚不滿意。戴大理便趁勢說了他許多壞話，又說：「這番不給他隨折，也是卑職做的手腳。」胡統領道：「非但不給他隨折，而且等到大案上去的時候，兄弟還要稟明中丞，把他名字撤去才好。」戴大理聽了甚喜。

正是光陰似箭，日月如梭，周老爺去不多時，這裏大案也就出去。胡統領雖與周老爺不對，屢次在中丞面前說他的壞話，戴大理也幫著在內運動，無奈中丞念他往日交情與這一番辛苦，不肯撤去他的名字，依舊保了進去。當經奉旨交部議奏。隨手就有部裏書辦寫信出來，叫人招呼：無非以官職之大小，定送

錢之多少；有錢的核准，無錢的批駁。往返函商，不免耽誤時日，所以奉旨已經三月，而部覆尚未出來。此乃部辦常情，不足為怪。

　　看看一年容易，早已是五月初旬。一日，劉中丞正在傳見一般司、道，忽然電報局送進一封電傳閣抄。拆開看時，原來是欽派兩位大員，隨帶司員，馳驛前赴福建查辦事件。當下中丞看過，便說與眾人知道。藩台回稱：「現在福建並沒有甚麼事情被人參奏，何以要派欽差查辦？」到底臬台是當小軍機出身，成案最熟，想了一回，說道：「據司裏看起來，只怕查的不是福建。向來簡放欽差，查辦的是山東，上諭上一定說是山西，好叫人不防備；等到到了山東，這欽差可就不走了。然而決計等不到欽差來到，一定亦預先得信，裏頭有熟人，沒有不寫信關照的。」劉中丞道：「我們浙江不至於有什麼事情叫人說話。」司、道聽了無話。送客之後，歇了兩三天，劉中丞接到京信也是一個要好的小軍機寫給他的，上頭寫的明明白白，是中丞被三個御史一連參了三個摺子，所以放了欽差查辦。劉中丞至此方才吃了一驚。到了次日，又奉上諭，已將省分指明，著派兩欽差來浙查辦。但是只說有人奏，沒有提出御史的名字。此亦照例文章，無庸瑣述。至於所參的是那幾款，上諭未曾宣明。合省官員，雖有幾位自己心上明白，究竟一時也不得主腦。過了幾日，京裏的那個小軍機又寫了一封信來，才把被參的大

概情形約略通知，雖還不能詳細，大略情形已得六七。列位看官須知：大凡在外省做督、撫的人，裏頭軍機大臣上，如果有人關切，自然是極好的事，即使沒有，什麼達拉密章京，就是所稱為小軍機的那幫人，總得結交一兩位，每年饋送些炭敬、冰敬，凡事預先關照，便是有了防備了。京城裏面劉中丞雖然不少相好，無奈這些人聽見他被參，恐怕事情不妙，都有點退後，不敢同他來往。又有人心上很想通知他，又打聽不出被參的根由，因此不敢多言。本城司、道當中有幾個雖得實信，但是有礙中丞面子，橫豎將來總會水落石出，此時也不便多談。有此三層，所以欽差已經請訓南下一月有餘，所參各節，劉中丞反不能全然知道，卻是這個緣故。

閒話休題，言歸正傳。且說到了六月底接著電報，曉得欽差已經行抵清江，這邊浙江省城便委了文武巡捕前往迎接。趕到七月中名，業已頂到杭州。探馬來報，聽說離城不遠。文自巡撫以下，武自將軍以下，一齊到接官廳，預備恭請聖安。出城不到一刻，遠遠聽得河中小火輪的氣筒嗚嗚的響了兩聲。兩岸接差的營兵，一陣排槍放過，便見兩隻小火輪，拖帶欽差及隨員大小坐船二十餘隻，一路沖風破浪而來。船泊碼頭，三聲大炮，隨見兩位欽差，身著行裝，坐了大轎，抬到岸上，一同出轎，走至香案旁邊，東西站定。將軍、巡撫以下，都統、臬司以上，凡夠得著請聖安的，一齊跪定。巡撫、將軍居首，口

40

報：「某官某臣某人，率領某某人，恭請聖安。」然後叩頭下去。欽差照例回答過。一時禮畢。兩位欽差只同將軍、學台寒暄了兩句，見了其餘各官，只是臉仰著天，一言不發，便命打轎進城。其時內城早經預備，把個總督行台做了欽差行轅。此番辦差非同小可，為的是查辦本省事件，所以首縣格外當心。藩台又怕首縣照顧不到，另派了一個同知、兩個知縣，幫同仁、錢二縣料理此事。欽差到了行轅，因為請訓的時候面奉諭旨，叫他破除情面，徹底根查，所以關防非常嚴密：各官來拜，一概不見。又禁阻隨員人等，不准出門，也不准會客。大門內派了一員巡捕官同一位親信師爺，一天到晚，坐在那裏稽查：有人出入，都要掛號。這個風聲一出，直把合省官員嚇的不得主意。

到了第二天，欽差又傳出話來，叫首縣預備十付新刑具，鏈子、杆子、板子、夾棍，一樣不得少。隨後又叫添辦三十付手銬、腳鐐，十付木鉤子、四個站籠〔註：一種刑具。籠，木籠，囚犯枷在裡面。〕。首縣奉命去辦，連夜做好，次日一早送到行轅。各員聞知，更覺魂不附體。刑具造齊之後，一連兩日不見動靜，合城官員越發摸不著頭腦。凡欽差一舉一動，首縣及本省所派的文武巡捕均隨時稟知撫院，今因不見動靜，自然格外驚疑。

41

　　到了第三天，欽差行轅忽然發出一角公文，咨給本省巡撫。劉中丞拆出看時，上面寫的大略是：「本大臣欽奉諭旨，來此查辦事件。凡與案內牽涉各員，相應咨請貴撫院，按照另開各員，分別撤任、撤差、看管」各等語。另外一張名單，共是兩個實缺道，是寧紹台一個，金衢嚴一個，均先撤任；兩個候補道，一個是支應局的老總，一個便是防軍統領胡道台，均先撤差；五個知府，十四個同、通、州、縣，建德縣莊大老爺亦在其內，得的處分是先行撤任，發交首縣看管。此外是全撤任、撤差，發縣看管的，共有三個；佐雜班子裏，撤任、撤差的共有八個；此外武官當中也不少。另有一篇名字，是捉拿劣幕二人，一個還是現在撫院的幕府；三個門丁，兩個是跟藩台的，一個是運司的；又有某處紳士某人；某縣書辦某人——：足足有一百五十多個，一時也記不清爽。劉中丞一看，別的還好，偏偏自己幕友也在其內。乃是第一掃臉之事。而且司、道大員，統通有分，便知事情不小。但是來文當中但叫撤任、撤差，拿人看管，並不指出所犯案情。惟因事關欽案，既不敢駁，又不敢問，只好一一遵照去辦。這個資訊一出，真正嚇昏了全省的官，人人手中捏著一把汗。欲待打聽，又打聽不出，這一急尤其非同小可！不在話下。

　　且說兩位欽差大人自從行文之後，行轅關防忽然鬆了許多。就有幾位隨來的司官老爺，偶爾晚上出門找找朋友，拜拜客。

但是出門總在天黑上火之後，日間仍舊頓在家裏。欽差的隨員誰不巴結，他既出來拜客，人家自然趕著親近，有的是親戚、年誼，敘起來總比尋常分外親熱。起先只約會吃飯接風，後來送東送西，行轅裏面來往的人也就漸漸的多了。兩位欽差只裝作不聞不知，任他們去幹。這隨帶司員中有一個旗人，名喚拉達，官居刑部員外郎，是正欽差的門生。師生之間，平時極其水乳。杭州候補道裏頭有一個管城門保甲的，也是個一榜出身，姓過名富，同拉達是同榜舉人，也中在正欽差門下。卻說這位正欽差，他是個旗員出身，現官兵部大堂，又兼內務府大臣之職。這趟差使原是上頭有意照應他，說：「某人當差謹慎，在裏頭苦了這多少年，如今派了他去，也好叫他撈回兩個。」等到聖旨一下，還未請訓，他先到老公〔註：太監。〕屋裏，打聽上頭派他這個差使是個甚麼意思。老公說道：「這差使上頭原先要派某某人去的，我們是自己人，有了好事情肯叫別人去嗎？所以就在佛爺跟前，替你把這差使求了下來。」正欽差聽了，自然異常感激，隨手說道：「這件事情鬧的很不小，看來很不好辦。要請請示，上頭是個甚麼意思？」老公鼻子裏噗嗤一笑道：「現在還有難辦的事情嗎？佛爺早有話：『通天底下一十八省，那裏來的清官？但是御史不說，我也裝做糊塗罷了。就是御史參過，派了大臣查過，辦掉幾個人，還不是這們一件事。前者已去，後者又來，真正能夠懲一儆百嗎？』這才是明鑒萬里呢！你如今到浙江，事情雖然不好辦，我教給你一個好

法子，叫做『只拉弓，不放箭』：一來不辜負佛爺栽培你的這番恩典；二來落個好名聲，省得背後人家咒罵；三來你自己也落得實惠。你如今也有了歲數了，少爺又多，上頭有恩典給你，還不趁此撈回兩個嗎？」正欽差聽了，別的還不在意，倒於這個「只拉弓，不放箭」兩句話，著實心領神會。

等到辭別出京，頂到杭州，一直恪守這老公的一番議論。外面風聲雖然利害，甚麼拿人、造刑具，鬧得一天星斗；其實他老人家天天坐在行轅裏面，除掉聞鼻煙、抽鴉片之外，一無所事。空閒之時，便同幾個跟班的唱唱二黃蓮花落，消遣消遣。不但提來的人，他一個不審，一個不問；就是調來的案卷，他老人家始終沒有瞧過一個字，只吩咐交給司員們看。同來的副欽差雖是個漢人，他的官不過是個副憲，頂子還沒有紅，各式事情都讓正欽差在頭裏，總不肯越過他去。至於帶來的司員，很有幾個懂得例案，留心公事的；無奈見了欽差如此舉動，一齊沒了主意。其中只有員外郎拉達，因是正欽差的門生，他二人做了一氣，正欽差拿他當心腹人看待。他又同他同年過道台做了聯手。

這位過富過道台，本是個一榜，上代也很有交情。自從到省以來，足足一十七載。從前幾任巡撫看他上代的面子，也很委過他幾趟差使。無奈他太無能耐，不是辦的不好，就是鬧了

亂子回來。所以近來七八年,歷任巡撫都引以為戒,不敢委他
事情,只叫他看看城門,每月支領一百塊洋錢的薪水。每逢牌
期、朔、望,雖然跟了許多司、道上院,不過照例掛號,永無
傳見之期,真正黑的比煤炭還黑。不料天無絕人之路,偏偏本
省出了亂子,接二連三被都老爺參上幾本。事情鬧大了,以致
放欽差查辦,剛巧是他中舉的老師。頭一天去稟見,巡捕傳出
話來,說是欽差不見客。起初他還不曉得老同年拉達同來,過
了幾天,拉達先拿著「年愚弟」帖子前來拜望,敘起來知道是
同榜、同門,因此非常親熱。拉達受了欽差的吩咐,有心要叫
過道台做拉馬,他二人竟其沒有一天不碰頭兩三次。凡欽差行
轅一舉一動,本省大憲是沒有不知道的。自從他二人要好,一
班耳報神早已飛奔的報到撫台跟前了。

這幾天撫台正為這事茫無頭緒,得了這個信,便傳兩司來
商議。還是臬台老練有主意,說道:「既然過道是欽差的門生,
少不得將來要照應他的。大人不如先送個人情給他,一來過道
感激大人的栽培,各色事情沒有不竭力報效的;二來叫欽差瞧
著大人諸事都有他臉上,他也不好不念大人這點情分;三則過
道既同欽差隨員相好,也可以借他通通氣。好在目下支應局、
營務處、防軍統領出了幾個差使都沒有委人,大人何不先委他
一兩樁?這個人情是樂得做的。」撫院聽了甚以為然,立刻應
允。等到兩司回去,未到天黑,劄子已經寫好,送到過道台的

公館裏去了。

　　且說過道台自從黑了許多年，手中也著實拮据。現在老同年到了，總得些微應酬點，而且還想他在老師跟前吹噓吹噓，再託本省撫憲另外委他個好點的差使。幸喜他秉性忠厚，只想老同年替他說兩句好話，至於借名招搖的事確絲毫沒有。這天正在公館裏打算：「明天請老同年逛西湖，只要一隻船，到了西湖，隨便到岸上小酌一頓，化上頭兩塊錢，便算請過了他，盡了東道之誼。」窮候補了多年，飯館子上都欠不動了，只好打這個小算盤，這正是他的苦處。

　　不料正在打主意的時候，忽然院上送了兩個劄子來。過道台是多年不見紅點子的人，忽然院上送來兩個劄子，還不知道什麼事情，甚是驚訝不定。等到拆開一看，才曉得是委了兩個差使：一個支應局，一個營務處。這一喜非同小可！第二天上院謝委，磕頭起來，說了許多感激的話。劉中丞也著實拿他灌米湯，還說：「老兄的大才，兄弟是素來知道的。一向沒有機會，所以拿你擱到如今，以後借重的地方還不少。」過道台的底子畢竟忠厚，從此以後，便一心一意幫著劉中丞，替他出力。都是後話不提。

　　單說他上院下來，次日會見老同年，忙把此事告知。拉達

心上明白，回到行轅，亦稟知了老師。欽差會意，等到晚上無人的時候，請了拉達過來，面授機宜，如此如此，這般這般的，吩咐了一番。拉達道：「老師的事情，門生還有不竭力的嗎。但是一件，我們也只可以逸待勞，以靜待動，等他們來請教我們。若是我去俯就他，這就不值錢了。」欽差道：「是呀，你老弟的話一些兒不錯。聽憑你老弟去辦，我沒有不好商量的。」拉達次日一早便去拜望過道台。門上人說：「我們大人一早就被院上傳了去，下來還要拜客，一時間怕不得轉來。」拉達聽說，只好回去。

且說過道台是日一早果然是被劉中丞傳到院上。這日劉中丞託稱感冒，吩咐巡捕官止了轅門，凡官員來見的一概道乏，單傳了過道台進去，又叫把他請進內簽押房，以示要好之意。等到過道台進來，劉中丞已站在那裏等候許久了。二人相見，打躬歸坐。中丞穿的是件接衫〔註：兩種不同顏色料子接做的長衫。〕，也沒有戴大帽子。見面先讓升冠，又問：「便衣帶來沒有？」過道台回稱「沒帶」。中丞便同自己跟班的說道：「我的衣服過大人穿著還對，快去把我新做的那件實地紗大褂拿來給過大人穿。」跟班的答應著。去不多時，取了出來給過道台穿上。尚未坐定，中丞又說：「今兒天早得很，只怕沒有吃點心。」又叫跟班的上去拿點心，「我同過大人一塊兒吃」。少刻點心擺上，二人對吃。一頭吃，一頭說，無非說些閒話，

還沒有提到正經。一霎點心吃完。劉中丞見過道台頭上汗珠有黃豆大小，滾了下來，又趕著叫他寬大褂，又叫他把小褂一齊脫掉，吩咐管家絞手巾，「替過大人擦背」。正鬧著，巡捕拿著手本來回道：「已撤防軍統領胡道稟見。」中丞把眼一瞪道：「我有工夫會他嗎！我說過今天不見客，你們沒有耳朵嗎？」巡捕道：「胡道說有要緊公事面回。」劉中丞道：「什麼要緊公事，叫他去找戴某人。」巡捕碰了釘子下來，不敢作聲，只好通知胡統領，叫他去找戴大理。胡統領無奈，低頭忍氣而去。

且說過道台承中丞這一番優待，不禁受寵若驚，坐立不穩，正不知如何是好。一時擦背已畢，歸坐奉茶。劉中丞慢慢的同他講到：「欽差來到這裏查辦事件，到底不曉得幾時可了。事了之後，還得請他敘敘。兄弟那年上京陛見的時候，同他二位很會過幾次。聽說正欽差還是老兄的座主。」過道台忙答應了一聲「是」。又回：「查辦的事這兩天雖然不見動靜。隨員當中，職道有個同年，天天到職道那裏來的。大人有什麼事情，職道可以問他。」劉中丞道：「我有什麼事怕人說話？老夫子呢，是歷任請下來的，又不是我的親戚故舊；好便好，不好驅逐回籍也與我毫不相干。我怕的是事情鬧的太大了，未免牽動全局；全局一壞，將來杭州的官不好做，差事也不好當了。我為的是大眾，並非是我一人之事。」